Lewis y Clark

Jill K. Mulhall, M. Ed.

Índice

Exploración del Oeste

En 1803, Estados Unidos compró a Francia el territorio de Luisiana. Estados Unidos tuvo de repente miles de millas nuevas en el Oeste.

Meriwether Lewis y William Clark dirigieron una **expedición** para explorar esta área. Dibujaron mapas de la tierra y los ríos. Escribieron sobre las plantas y los animales. La expedición enseñó a los estadounidenses sobre las maravillosas tierras nuevas.

Estados Unidos duplica su tamaño

Thomas Jefferson se convirtió en el tercer presidente de Estados Unidos en 1801. El país era mucho más pequeño de lo que es hoy. Estados Unidos no tenía ninguna tierra al oeste del río Misisipi.

Jefferson quería hacer que Estados Unidos fuera más grande. Su sueño era que el país llegara hasta el otro lado del continente. En 1803, parte de este sueño se hizo realidad.

Francia tenía un líder muy poderoso, llamado Napoleón Bonaparte. Quería ganar dinero para su país. Entonces, decidió vender algunas tierras a Estados Unidos.

Thomas Jefferson

TERRITORY OF LOUISIANA 1803-1819
"LOUISIANA PURCHASE TERRITORY
ceded by FRANCE to the UNITED STATES by treaty of April 30, 1803, as asserted and maintained by the American Government"

Francia tenía una enorme área de tierra en el Oeste. Este territorio se llamaba Luisiana. Napoleón ofreció venderla a Estados Unidos. La compra de Luisiana le costó a Estados Unidos 15 millones de dólares. A cambio de ello, el país obtuvo casi 828,000 millas cuadradas (2 millones de km cuadrados). De repente, ¡Estados Unidos era el doble de grande!

Jefferson quería saber todo sobre las nuevas tierras de Estados Unidos. Decidió enviar un grupo de hombres en una expedición. Viajarían a través del territorio de Luisiana. Luego, volverían a casa y contarían todo lo que habían visto.

Proyecto secundario

Jefferson tenía otra tarea para la expedición. Quería que encontraran una ruta fluvial desde el río Misisipi hasta el océano Pacífico. Esto ayudaría a los estadounidenses a viajar al oeste para comerciar pieles.

◀ Este mapa muestra el tamaño de la compra de Luisiana.

Preparativos para la travesía

Jefferson sabía exactamente a quién quería poner a cargo del viaje. Conocía a Meriwether Lewis de toda la vida. Sus familias eran vecinas en Virginia. Durante un tiempo, Lewis estuvo en el ejército. Ahora, era secretario personal de Jefferson. Jefferson sabía que Lewis era valiente, fuerte y curioso.

Lewis aceptó con gusto el trabajo. Comenzó a seleccionar el resto de su cuadrilla. En primer lugar, le pidió a un viejo amigo del ejército que fuera su cocapitán. William Clark era de Kentucky. Tenía mucha experiencia en viajes en tierras silvestres y a lo largo de ríos y lagos.

Lewis estudió mucho para prepararse para la expedición. Cinco científicos diferentes le enseñaron. Aprendió sobre las plantas y los animales. Estudió **navegación**, **agrimensura** e historia indígena. Los científicos también le dijeron a Lewis qué provisiones debía llevar.

Lewis viajó a St. Louis en el invierno de 1803 a 1804. Su **cuadrilla** de unos 40 hombres se reunió con él allí. Lewis los llamó **Cuerpo** de Descubrimiento. Los hombres montaron un campamento. Luego, pasaron meses entrenando. Construyeron barcos, se ejercitaron y practicaron tiro.

Este es St. Louis, el punto de partida de la expedición. ▶

Esta es una lista de artículos que Lewis y Clark compraron para ofrecer como regalo a los indígenas en su viaje.

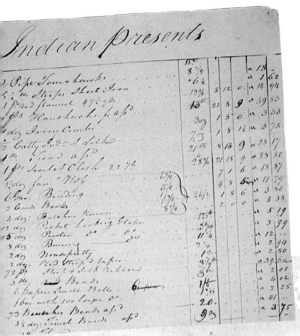

Los hombres del Cuerpo

La mayoría de los hombres del Cuerpo de Descubrimiento pertenecían al ejército. El mayor tenía cerca de 35 años de edad. El más joven tenía solamente 17. Había un hombre de color en la cuadrilla. Era el esclavo de Clark, un hombre llamado York.

▲ Las Montañas Rocosas

Por fin en marcha en mayo

El Cuerpo de Descubrimiento comenzó su travesía el 14 de mayo de 1804. Los hombres partieron en tres barcos. Uno de ellos era una **gabarra** grande de madera. Se necesitaban 21 hombres para remar. Los otros dos eran barcos más pequeños llamados **piraguas**.

Planeaban viajar al noroeste a lo largo del río Misuri. Este los llevaría hasta las Montañas Rocosas. Allí, cruzarían un **desfiladero** a través de las montañas. Los ríos al otro lado los llevarían hasta el océano Pacífico.

Viajar por el río era muy difícil. Las ramas de los árboles y las rocas con frecuencia bloqueaban los barcos. Los mosquitos y las garrapatas molestaban constantemente a los hombres.

Lewis era un buen líder. Los hombres lo respetaban y confiaban en él. Pero era muy serio y le gustaba estar solo. Por lo general, caminaba por la orilla con su perro Seaman. Clark era más divertido. Le encantaba hablar y contar chistes. Estaba a cargo de los barcos.

Ambos capitanes llevaron **diarios** durante la expedición. Escribieron sobre sus aventuras. Registraron el clima. Hicieron mapas de la tierra y el agua. Hicieron dibujos y describieron todas las plantas y animales nuevos que vieron. Entre estos había bisontes, coyotes, perros de la pradera y liebres.

Se pierde un hombre

El Cuerpo de Descubrimiento se abrió camino a través de tierras peligrosas. Todos los días, arriesgaban la vida. Pero sorprendentemente, nadie murió a causa de una lesión o un accidente. Solo un hombre murió en todo el viaje. Murió a causa de una ruptura del apéndice en agosto de 1804.

Esto es ▶ el diario de Clark.

Amistades en la llanura

Jefferson había pedido a los hombres del Cuerpo que aprendieran sobre los indígenas del Oeste. Lewis planeaba ofrecerles regalos a los indígenas. Esperaba que así fueran más amistosos. Llevó medallas, abalorios, espejos, botones de latón, tabaco, peines y otros artículos.

El Cuerpo se encontró con los primeros indígenas en lo que hoy es Dakota del Sur. Algunos de estos indígenas eran amistosos. Otros no eran tan cordiales. Un jefe pensó que no había recibido suficientes regalos. Amenazó con tomar uno de los barcos de la expedición. Sus hombres apuntaron las flechas hacia el barco. Inmediatamente, los hombres del barco apuntaron a los indígenas con un rifle grande. Todos estaban nerviosos. Luego, el jefe cambió de opinión. ¡Qué alivio!

El diario de Clark ▶ estaba lleno de anotaciones sobre todo lo que se le ocurría escribir.

▼ Esta es una aldea mándana similar a donde se quedó el Cuerpo durante el invierno de 1804 a 1805.

Informes

Lewis y Clark estuvieron ocupados durante el invierno. Pasaron horas preparando informes para el presidente Jefferson. Organizaron sus notas y dibujos. Rotularon todas las muestras que habían recolectado. Luego enviaron un barco de regreso a St. Louis con toda la información.

La cuadrilla llegó a lo que hoy es Dakota del Norte en noviembre. Se hicieron amigos de los indígenas mándanes. Decidieron quedarse en una aldea mándana hasta la primavera. Construyeron un campamento y lo llamaron fuerte Mandan.

El Cuerpo contrató a un nuevo miembro ese invierno. Su nombre era Toussaint Charbonneau. Era un cazador de pieles que vivía con el pueblo mandan. Tenía una joven esposa llamada Sacagawea. Era una indígena shoshona. Sacagawea acababa de dar a luz a un bebé varón. Lo apodaron Pomp. Los dos se unieron también a la expedición.

Aventuras en el río

En abril, la expedición partió de nuevo por el río Misuri. Sus amigos mándanes bailaron y cantaron a modo de celebración. El Cuerpo ahora tenía dos piraguas grandes y seis canoas pequeñas.

Un día, los sorprendió de repente una tormenta. El agua se tornó turbulenta. Una piragua casi se da vuelta. Pero Sacagawea salvó la situación. Se dio cuenta de que el agua estaba por llevarse algunas provisiones importantes. Con calma, se asomó por la borda para agarrarlas.

▼ Algunas personas piensan que Sacagawea también ayudó a guiar la expedición de Lewis y Clark.

En junio, el grupo se encontró con una **bifurcación** en el río. No sabían qué camino tomar. Lewis y Clark estudiaron los dos ríos. Se decidieron por uno. El resto del Cuerpo pensaba que estaban equivocados. Sin embargo, siguieron a sus líderes.

¡Lewis y Clark tenían razón! Unos días más tarde, llegaron hasta las Grandes Cataratas del río Misuri. Todos se sintieron aliviados.

El Cuerpo no podía atravesar con sus barcos las enormes cascadas. Así que cortaron árboles. Usaron los árboles para hacer vagones para arrastrar sus barcos sobre la tierra. Les tomó alrededor de un mes recorrer casi 18 millas (29 km).

Tras superar las cataratas, el Cuerpo volvió al río. A medida que escalaban las montañas, viajar se hacía más difícil. Los hombres se sintieron aliviados cuando llegaron a una aldea de indígenas shoshones. Los shoshones eran conocidos por sus caballos. La expedición compró algunos caballos para llevar sus provisiones a través de las montañas.

Indígena shoshón

Una difícil travesía por el desfiladero

▲ **Un desfiladero a través de las Montañas Rocosas**

La expedición comenzó a atravesar el desfiladero de las Montañas Rocosas en septiembre de 1805. Los hombres nunca habían visto montañas tan grandes. No se dieron cuenta cuánto tiempo les tomaría cruzarlas.

El Cuerpo no estaba preparado para el frío que tendrían que enfrentar. Soportaron la nieve y la lluvia helada. No podían cazar. El grupo pronto se quedó sin alimentos. A veces, tenían que disparar a sus propios caballos y mulas para tener alimento. De lo contrario, habrían muerto de hambre.

Este indígena está sentado en su canoa de tronco en el río Columbia.

Finalmente, el grupo llegó al otro lado de las Rocosas. Construyeron cinco canoas nuevas. Luego, se pusieron en marcha por el río Snake. El río era muy rápido. Algunas canoas se volcaron en los **rápidos.**

Poco después, el río se ensanchó y las aguas se calmaron. Los hombres pudieron pescar y cazar. Comieron hasta que recuperaron las fuerzas.

▼ El río Snake

Muchas canoas nuevas

Los hombres no pudieron transportar consigo ninguno de los barcos por el desfiladero. Así que tuvieron que hacer nuevas canoas al llegar al otro lado. Emplearon las habilidades que les habían enseñado los indígenas. Cortaron árboles. Luego tallaron el interior de los troncos hasta dejarlos huecos. A estas embarcaciones las llamaron canoas de tronco.

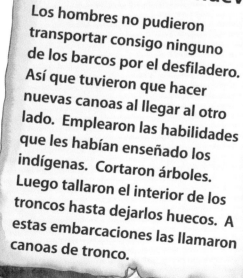

Una vista agradable en Oregón

El río Snake conducía al área de tierra llamada Oregón. Luego desembocaba en otro río, el Columbia. Los hombres se preguntaban si alguna vez llegarían al final de su larga travesía.

El 7 de noviembre de 1805, el grupo finalmente contempló la vista que más deseaba. A medida que la niebla de la mañana se levantaba, pudieron ver el océano Pacífico en la distancia. Los hombres estaban emocionados. En su diario, Clark escribió: "¡Océano a la vista! ¡Oh, qué dicha!".

▼ **Este mapa muestra el viaje de Lewis y Clark hacia el océano Pacífico.**

Se pusieron a trabajar en la construcción de un campamento. Lo llamaron fuerte Clatsop por el nombre de una tribu de la zona. Los hombres esperaron en el fuerte durante cuatro meses. Tenían la esperanza de que algún barco comercial estadounidense navegara por allí. Querían que los llevaran a casa.

▼ El río Columbia

Nuevas tierras para EE. UU.

El Noroeste del Pacífico, incluido Oregón, aún no era parte de Estados Unidos. No pertenecía a ningún país. El Cuerpo de Descubrimiento fue el primer grupo de hombres blancos en explorar esta área por tierra. Ahora, Estados Unidos tenía una reclamación sobre la tierra.

El largo viaje de regreso a casa

En la primavera, la cuadrilla renunció a continuar esperando un barco que los llevara de regreso a casa. El 23 de marzo de 1806, comenzaron a emprender el regreso por tierra.

Al principio, tomaron la misma ruta con la que llegaron al oeste. Pero después de las Montañas Rocosas, el grupo se separó. Lewis viajó hacia el norte hasta el inexplorado río Marías. Clark regresó por el río Yellowstone.

Las cuadrillas volvieron a encontrarse en el río Misuri. Luego, continuaron a lo largo de la ruta original.

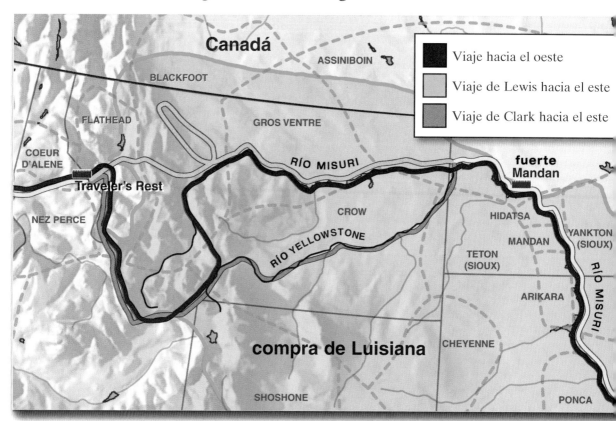

Tributo a una heroína

Nadie le prestó mucha atención a Sacagawea después de la expedición. Se enfermó y murió en menos de siete años. Pero, con el tiempo, se convirtió en una de las mujeres más famosas de la historia. Sacagawea cuenta con más estatuas en su honor que cualquier otra mujer estadounidense. Incluso se puso su imagen en una moneda de oro de un dólar en el 2000.

El Cuerpo se detuvo para visitar a sus amigos en la aldea mándana. Cuando llegó el momento de partir, Sacagawea y su familia se quedaron. A la cuadrilla le entristeció tener que despedirse de ella y del pequeño Pomp. Le debían gran parte de su éxito a esta valiente mujer shoshona.

Un feliz regreso

El Cuerpo de Descubrimiento llegó a St. Louis el 23 de septiembre 1806. Estos valientes hombres habían sobrevivido desafíos increíbles. Se habían abierto camino a través de 7,689 millas (12,400 km) de tierra silvestre.

Multitudes de personas aplaudieron su llegada. El Cuerpo había estado ausente durante casi dos años y medio. Después de todo ese tiempo, todos pensaban que estaban muertos.

▼ Esta estampilla conmemora la expedición de Lewis y Clark a 150 años de su comienzo.

Esta moneda de ▶ cinco centavos del 2004 conmemora a Lewis y Clark.

El Congreso estaba muy contento con el trabajo del Cuerpo. Les ofrecieron una recompensa. Cada hombre recibió una parcela de 320 acres de tierra en el Oeste. También recibieron el doble de dinero de lo que esperaban.

William Clark vivió después una larga y feliz vida. Se casó y tuvo hijos. También adoptó a los dos hijos de Sacagawea. Murió a los 68 años de edad.

Meriwether Lewis pasó por un período difícil después de la expedición. Estaba deprimido. Tenía problemas de dinero. No pudo encontrar un trabajo que le gustara. Tristemente, se disparó en 1809.

▲ Meriwether Lewis

Un buen negocio

En 1803, cuando el presidente Jefferson pidió al Congreso dinero para la expedición, dijo que costaría $2,500. Lewis sobrepasó apenas un poco el presupuesto. ¡El viaje terminó costando $38,722! Eso equivale a cerca de medio millón de dólares en dinero actual.

La puerta abierta al Oeste

El Cuerpo de Descubrimiento descubrió que no había ninguna ruta fluvial directa desde el río Misisipi hasta el océano Pacífico. Fue una desilusión. Pero en todo lo demás, la expedición fue un gran éxito.

Los diarios de los capitanes estaban llenos de maravillosa información. Mostraban mapas de la tierra y los ríos. Contenían descripciones de 178 plantas nuevas y 122 animales nuevos.

◀ **En los diarios de Lewis y Clark se detallaba información importante. Para los científico de la época, estos libros resultaron muy valiosos.**

La expedición exploró la tierra de la compra de Luisiana. Los cazadores de pieles, los **montañeros** y los colonos pronto se trasladaron a este nuevo territorio.

Lewis y Clark también reclamaron el Noroeste del Pacífico para Estados Unidos. Ahora, el país se extendía desde el océano Atlántico hasta el océano Pacífico.

Esta expedición comenzó un período de gran expansión para Estados Unidos. El país se volvió más grande y más rico debido a los descubrimientos de Lewis y Clark.

▼ Comerciantes de pieles como estos hombres se beneficiaron de la exploración del territorio de Luisiana.

De amigos a enemigos

Lewis y Clark se encontraron con más de 50 grupos indígenas en su travesía. Hicieron amistad con casi todos ellos. Pero los buenos tiempos no duraron. Los colonos comenzaron a trasladarse al oeste. Cazaban y construían sus casas en las tierras de los indígenas. Los indígenas lucharon contra esto. Fue el comienzo de muchos años de terribles combates en el Oeste.

Glosario

agrimensura: uso de herramientas para medir las dimensiones de un área de tierra

bifurcación: un punto en el que un río o camino se divide en dos o más direcciones

cuadrilla: un grupo de personas que trabajan juntas

cuerpo: un grupo de personas que viajan juntas o tienen algo en común

desfiladero: una ruta que atraviesa las montañas, de modo que no es necesario rodearlas

diarios: libros en los que las personas escriben sobre las cosas que les sucedieron durante el día

expedición: un viaje que realizan las personas con un objetivo particular en mente

gabarra: un barco sin velas que puede transportar muchas mercancías

montañeros: personas que exploran, cazan, acampan y viajan en las montañas

navegación: encontrar la mejor forma de viajar de un lugar a otro

piraguas: pequeños barcos de madera que parecen canoas

rápidos: partes peligrosas de un río donde el agua fluye con mucha rapidez